NOTICE

SUR

LE DOCTEUR MARCÉ

PAR M. MALHERBE, D.-M.

Professeur à l'Ecole préparatoire de Médecine de Nantes,

Médecin de l'Hôtel-Dieu de Nantes,

Secrétaire du Conseil d'Hygiène et de Salubrité du Département.

NANTES,

IMPRIMERIE DE Mme Ve CAMILLE MELLINET

—

1860

NOTICE

SUR

LE DOCTEUR MARCÉ

Par M. MALHERBE, d.-m.

Germain-Auguste Marcé naquit à Bourgneuf, le 4 floréal an XIII (24 avril 1805). Sa famille originaire de Châtellerault, se trouve établie à Nantes vers le milieu du XVIIᵉ siècle, où elle contracte des alliances : depuis cette époque, elle y a toujours tenu un rang honorable ; plusieurs de ses membres y ont rempli des fonctions publiques (1).

Marcé fit au collége de Nantes ses études littéraires ; il s'y distingua , et obtint ensuite le diplôme de bâchelier ès-lettres. Il commença à étudier la médecine à l'Ecole secondaire de

---

(1) Son bisaïeul, Barthélemy Marcé, avocat au Parlement. Echevin sous la mairie de Bellabre, en 1750 et 1751 ; sous-maire en 1752. Député aux Etats de Bretagne, en 1752.

Son aïeul , Barthélemy-Germain Marcé , fils du précédent , conseiller du Roi au Présidial. Sous-maire en 1777 (mairie Gelée de Prémion).

Nantes , et montra dans cette nouvelle direction la même ardeur et la même aptitude que pour ses études classiques. Nommé au concours interne à l'Hôtel-Dieu de la même ville , il en remplit les fonctions pendant plusieurs années , et , le 7 août 1829 , il prit le grade de docteur en médecine à la Faculté de Paris.

A partir de cette époque , la carrière de Marcé fut à la fois médicale et administrative : nous l'envisagerons successivement et séparément sous ces deux points de vue , cette manière de procéder nous ayant semblé plus commode pour l'exposition des faits.

De retour à Nantes avec le grade de docteur , notre collègue se livra à l'exercice de son art , et ne tarda pas à gagner la confiance publique : il devint presque immédiatement l'un des médecins de l'association de Secours Mutuels fondée par la Société Industrielle , et il a continué jusqu'à sa mort à en exercer les fonctions.

En 1837 , l'Administration des Hôpitaux ayant jugé à propos de créer trois nouvelles places de médecins suppléants à l'Hôtel-Dieu , Marcé fut désigné pour occuper une de ces places , à laquelle son mérite reconnu et ses services comme élève interne dans le même hôpital l'appelaient naturellement. Depuis cette époque il fut fréquemment chargé d'un service actif, soit à la succursale de l'Hôpital général , soit à l'Hôtel-Dieu , dont il fut nommé médecin ordinaire en 1851. Il regarda toujours l'accomplissement des fonctions de médecin hospitalier comme un de ses devoirs les plus chers et les plus sacrés , et s'il s'éloigna parfois de ses pauvres malades , ce ne fut que lorsque sa santé l'y obligea.

Cependant Marcé était devenu un des praticiens les plus occupés de la ville , et les exigences de la clientèle lui laissaient bien peu de temps disponible ; toutefois , l'amour de la science était trop ardent chez lui pour se laisser étouffer , et l'activité de son esprit lui permettait de suffire à tout : aussi, nommé en 1845 professeur suppléant à l'Ecole préparatoire de Médecine , il remplaça plusieurs fois avec succès le professeur de clinique médicale.

Plus tard , pendant cinq années consécutives , de 1851 à 1855 , il fut chargé comme suppléant du cours de matière médicale et de thérapeutique. Son enseignement, pendant cette période , fut consciencieux,basé sur de solides études et un labeur constant; néanmoins , ce cours n'était pas celui qui convenait le mieux à ses aptitudes , et il s'y trouvait enfermé dans un cercle où il ne pouvait manifester librement les précieuses qualités dont il était doué et les connaissances spéciales qu'il avait toute sa vie travaillé à acquérir. Sa parole prit immédiatement bien plus d'autorité , lorsqu'en 1856 il fut chargé d'enseigner la pathologie médicale , il était là dans sa sphère , il dominait son sujet. Par malheur , sa santé déjà ébranlée ne devait pas résister aux fatigues de toutes sortes qu'il lui fallait subir , et cette position de professeur titulaire qu'il avait si longtemps attendue , il ne devait en jouir que trois ans.

Avant d'entrer dans l'exposé des travaux scientifiques de Marcé , travaux qui nous donneront la véritable mesure de son activité intellectuelle , et qui nous révèleront la direction philosophique de son esprit , rappelons quels ont été ses rapports avec la Société Académique.

Avant l'année 1835 , la Section de Médecine de la Société était bien moins nombreuse qu'elle n'est aujourd'hui. En dehors d'elle s'était formée une autre association , sous le nom de Cercle Médical : elle se composait d'un certain nombre de médecins et de pharmaciens qui avaient pour but de fonder une bibliothèque médicale importante, et de se communiquer dans des séances régulières le résultat de leurs observations. Cette division des éléments actifs du corps médical était regrettable et on désirait généralement la voir cesser. Sur ces entrefaites eut lieu à Nantes un congrès pour la discussion des doctrines relatives aux maladies syphilitiques : c'était la Section de Médecine qui, sur la proposition de M. Mareschal, en avait provoqué la réunion. Ce fut l'occasion de rapprochements et bientôt de pourparlers pour la fusion du Cercle Médical dans la Section de Médecine : celle-ci ouvrait aux arrivants les portes de l'Académie et les colonnes de son journal ; celui-là apportait sa bibliothèque déjà nombreuse que des achats ultérieurs et le legs de M. Palois ont considérablement enrichie.

Ce fut donc en compagnie de ses collègues du Cercle Médical que Marcé fut admis à la Société Académique.

En 1837, il remplit les fonctions de Secrétaire de la Section de Médecine, et, en cette qualité, fut chargé de rendre compte à la Société des travaux de cette Section, tâche dont il s'acquitta avec un rare bonheur. Enfin, en 1852, la Section lui conféra le titre de Président.

Il n'aurait tenu qu'à lui de devenir Secrétaire général de la Société ; mais ses occupations, dès-lors nombreuses et pressantes, ne lui laissant guère le loisir de se livrer à des travaux littéraires, il refusa cet honneur.

Dans l'aperçu rapide que nous allons présenter sur les écrits scientifiques de Marcé, nous avons donné la préférence à l'ordre méthodique : on les retrouvera rangés, par ordre de dates, dans l'exposé bibliographique qui doit terminer cette notice.

Nous arrêterons tout d'abord notre attention sur une série de mémoires concernant les fièvres intermittentes. Personne n'ignore l'influence qu'exercent sur la santé de l'homme les divers agents naturels à l'action desquels il est incessamment soumis, agents que nos hygiénistes modernes ont appelés *modificateurs cosmiques* : ce qu'on sait aussi, c'est que la nature de ces agents varie selon les pays , de là la géographie médicale , et la nécessité pour le médecin , nécessité déjà vivement sentie et exprimée par Hippocrate , de joindre à ses connaissances générales une étude approfondie des lieux où il doit se livrer à la pratique de son art. Marcé s'était de bonne heure pénétré de cette utile vérité , et ne pouvant , à son grand regret , aller , à l'exemple du père de la médecine , étudier la physionomie spéciale qu'impriment à la maladie les différents climats, il étudiait du moins consciencieusement le coin du tableau qui se trouvait à sa portée. Ainsi , il choisissait pour sujet de sa thèse inaugurale les fièvres rémittentes pernicieuses qu'il avait observées à l'Hôtel-Dieu de Nantes en 1827. En 1842 et 1845 , il publiait successivement deux importants mémoires sur la fièvre pernicieuse pneumonique , maladie si commune dans notre pays, et si fatale pour les malades quand elle est méconnue. Enfin, il couronnait ces premiers travaux en faisant paraître , en 1854 et 1855 , deux autres mémoires sur les engorgements de la rate , propres aux fièvres intermittentes , et sur l'action que ces engorgements exercent sur l'organisme en général , sur les organes voisins et en particulier sur la situation et les fonctions du cœur. En lisant ces divers travaux , on comprend que l'auteur avait profondément médité son sujet , qu'il le maniait en maître , et qu'il pouvait aborder hardiment les côtés les plus difficiles et les plus obscurs de la question si importante de l'empoisonnement paludéen. Ajoutons que, sur plusieurs points, particulièrement en ce qui concerne les engorgements de la rate , il a ajouté des notions nouvelles à celles qu'on possédait déjà.

Après les maladies endémiques , sujet si important d'études pour le médecin , il est une autre classe de faits qui a de tout temps fixé vivement l'attention des plus grands observateurs ; ce sont les épidémies. Ces maladies, qui, par leur extension rapide et leur gravité, prennent souvent le caractère de calamités publiques, présentent dans leur marche, leurs symptômes, leur nature, des singularités qui déconcertent les praticiens les plus exercés et les plus habiles, et semblent se jouer des ressources ordinaires de la thérapeutique, tant que leur génie spécial ne s'est pas dévoilé. Nous voyons les noms les plus illustres de la médecine attachés aux descriptions de ces grands faits pathologiques, dont la loi supérieure nous échappe encore et nous échappera peut-être toujours : mais l'exemple qu'ils ont laissé mérite d'être suivi, quand même il ne conduirait qu'à jeter un demi jour sur ces importants problèmes. C'est dans cette pensée que notre collègue publiait, en 1837, un rapport sur une épidémie de grippe ; en 1841, en collaboration, la description d'une épidémie de bronchite capillaire ; en 1842, un rapport sur la vaccine ; en 1854, enfin, remettait à l'Administration des Hôpitaux de Nantes une note qui n'a pas été publiée, sur les cas de choléra épidémique qu'il avait observés dans son service de l'Hôtel-Dieu.

En 1835, nous voyons Marcé communiquer des observations curieuses au Congrès médical réuni à Nantes pour la discussion des diverses doctrines relatives à la maladie syphilitique ; et, l'année suivante, il soumet à la Section de Médecine de la Société Académique des réflexions sur la valeur comparative des faits anatomiques et de la spécificité en médecine ; réflexions qui témoignent à la fois chez l'auteur, de son attachement à la méthode expérimentale, et des tendances généralisatrices de son esprit.

Une série d'observations et de mémoires publiés à diverses époques, et ayant pour objet la *diphthérite, les angines sous glottiques, les myélites, la morve aiguë, l'albuminurie, le tétanos,* etc., nous permettront de juger à la fois de son activité et de son attention constante à conserver la mémoire des faits capables de servir à l'avancement et au perfectionnement de la science et de l'art médical.

En 1838, Marcé lisait à la Section de Médecine des notes statistiques sur les maladies des ouvriers de l'association de Secours Mutuels de la Société Industrielle , où il révélait d'autres aptitudes sur lesquelles nous reviendrons plus longuement dans la seconde partie de cette notice.

Quoique appartenant tout entier, par ses convictions, à l'école moderne d'observation (comme nous le dirons plus loin), Marcé professait un grand respect et une sincère admiration pour les auteurs anciens ; il aimait à se nourrir de leurs écrits, et comme spécimen de ses veilles érudites , il avait , en 1837 , communiqué à la Section de Médecine la traduction d'un chapitre de Sthal. Ce n'était là , dans sa pensée , que le prélude d'un travail plus étendu sur le même auteur , travail dont le but était : 1° d'exposer les caractères fondamentaux de la doctrine stalhienne ; 2° d'examiner ce que cette doctrine peut avoir de vrai, d'incomplet et d'erroné ; 3° d'étudier l'influence que , malgré les progrès continuels de la science , elle n'a jamais cessé d'exercer sur les diverses théories médicales. Les circonstances l'ont sans doute empêché de donner suite à ce projet, inspiré par la conviction, qu'il ne suffit pas au médecin , pour bien connaître la science, de l'étudier avec les données contemporaines , mais qu'il doit remonter le cours des âges et chercher par quelles phases a passé l'esprit humain pour arriver aux formules usitées de son temps.

Le dernier écrit de Marcé est le discours qu'il prononça à la séance de rentrée de l'Ecole préparatoire de Médecine et de Pharmacie, le 6 novembre 1858.

Une douce et bienveillante philosophie , la plus profonde sympathie, les sentiments de charité les plus vrais pour l'homme

souffrant que la douleur prive de sa force morale, voilà ce qui
caractérise cette œuvre si remarquable où le caractère, où le
cœur de l'écrivain se révèle tout entier. Finesse d'observation ,
délicatesse de sentiments, vastes et brillants aperçus, tout, dans
les tableaux qu'il y a semés, témoigne d'un esprit à la fois ner-
-veux et délié, d'un cœur noble et généreux. Marcé aimait
avec passion la médecine, elle offrait à son imagination ar-
dente un inépuisable aliment : mais il y voyait, avant tout, le
bien qu'elle peut faire à l'humanité, et, à ce point de vue, il
croyait sincèrement à la puissance de son art , parce qu'il en
connaissait bien les ressources, sans oublier pourtant qu'il y
a des limites que l'intelligence humaine ne saurait franchir.

Ce discours renferme la plus haute expression de la pensée
de Marcé, de celle qui a occupé toute sa vie : *Acquérir le plus
de lumières possible pour les faire servir au bien général.*
Il couronne donc dignement son honorable mais trop courte
carrière.

Pour faire connaître complètement Marcé, nous devons main-
tenant parler de ses doctrines.

C'était aux plus beaux jours du règne du physiologisme qu'il
commençait ses études médicales, et il en reçut une profonde
influence qui n'a cessé de se faire sentir jusqu'à son dernier
jour. L'impression première avait été telle que plusieurs fois,
dans la suite, quand l'évidence des faits et l'observation cons-
ciencieuse le forçaient d'abandonner certains principes dont il
reconnaissait la fausseté ou l'insuffisance , ce sacrifice était ac-
compagné, disait-il, d'une sorte de déchirement. Cependant,
ce sacrifice il le faisait sans hésiter, car il avait l'esprit trop
juste pour être exclusif, et un respect trop sincère de la
vérité pour garder sciemment une erreur. Malgré son admiration pour Broussais, qu'il appelle le plus grand médecin
des temps modernes, il repousse de bien loin le matéria-

lisme auquel l'excès de rigueur logique a fait aboutir ce grand homme, et il proclame hautement le spiritualisme de l'école de Stahl. Non seulement Marcé était spiritualiste, mais il était chrétien, et plus d'une fois il nous a dit que la religion catholique était pour lui la meilleure de toutes, celle qui répondait le mieux à tous les besoins de l'homme, et qu'il y était sincèrement attaché.

La vie d'un homme est bien courte pour une science aussi vaste, pour un art aussi difficile que la médecine. Cette vérité proclamée par Hippocrate, l'expérience des siècles n'a fait que la confirmer : il faut donc que celui qui veut l'exercer s'y consacre tout entier. Néanmoins, il n'est pas dispensé de ses devoirs de citoyen, et comme médecin, il contracte à cet égard des obligations spéciales : dans les questions d'hygiène et d'assistance publique, il devient l'auxiliaire forcé de l'administrateur.

Sous ce rapport, Marcé a largement payé sa dette à la Société. Nous avons parlé de ses services comme médecin d'hôpital, nous n'y reviendrons pas ; nous nous arrêterons, au contraire sur sa participation aux actes de la Société Industrielle, car ce fut là son premier pas dans la carrière des œuvres sociales et de l'Administration.

Fondée en 1830, la Société Industrielle de Nantes a rendu à la classe ouvrière d'immenses services dans toutes les directions : elle a su la faire jouir des bienfaits de l'association, en écartant, par une direction habile, les inconvénients qui auraient pu en résulter, et elle a couronné son œuvre en instituant pour les cas de maladie une Société de Secours Mutuels à laquelle elle a attaché plusieurs médecins. Ces médecins devaient, chaque trimestre, fournir des notes sur les sociétaires auxquels ils avaient donné des soins, et l'un d'eux les réunissait dans un tableau statistique général. Plusieurs de ces relevés ont été communiqués à la Section de Médecine et sont imprimés dans son journal : tous sont de nature à fixer l'attention, mais celui de Marcé dénote, à un degré éminent, l'entente parfaite de l'organisation de ce service médical.

En 1843, Marcé entra au Conseil municipal de la ville de Nantes, et pendant tout le temps qu'il en fit partie, il prit une part active à la discussion de toutes les questions importantes traitées dans son sein. L'hygiène et l'assistance publique étaient surtout de son ressort, et les services qu'il a rendus dans ces deux directions montrent combien il importe d'introduire dans les Conseils publics un certain nombre de médecins.

La première question qui se présenta fut celle de la reconstruction de l'Hôtel-Dieu et de l'Ecole de Médecine : question vivement agitée depuis plus de 20 ans, et qui, après bien des vicissitudes, a enfin reçu une solution. Car si depuis la pose de la première pierre, le 15 août 1856, et un commencement assez important de constructions, les travaux ont été interrompus, ce n'est que la conséquence d'embarras financiers accidentels, d'obstacles qui semblent aujourd'hui complètement écartés.

Nous ne reprendrons point l'historique de cette affaire, ce serait sortir sans utilité des bornes que nous avons dû nous imposer ; mais nous ne pouvons passer sous silence la part que Marcé y a prise, et ses efforts pour la faire aboutir heureusement.

Après avoir participé aux travaux du Conseil de santé, auquel l'Administration des Hospices avait demandé de préparer les bases d'un programme pour la reconstruction totale de l'Hôtel-Dieu, lorsque la question fut portée devant le Conseil municipal, Marcé, chargé d'en faire le rapport, peignit en traits énergiques l'insuffisance du vieil Hôtel-Dieu, l'irrémédiable disposition de ses services intérieurs, l'insalubrité de cet Hôpital sous la double influence de son encombrement et de sa proximité de prairies marécageuses, de bas-fonds inondés deux fois l'an, tous inconvénients déjà plusieurs fois signalés par la Commission administrative.

Le même rapport constatait, de plus, que dans cet Hôpital incommode, insalubre, insuffisant, tombant de vétusté, l'espace qui, primitivement, avait été exclusivement réservé pour les pauvres de la ville, s'était trouvé peu à peu envahi par des services étrangers, par celui des militaires, des douaniers, des ouvriers d'Indret, des filles publiques, et en dernier lieu par des ouvriers du chemin de fer ; que, finalement, les pauvres de la commune, qui, dans cet établissement communal, auraient dû obtenir sur tous le privilége et la priorité de l'admission, étaient journellement refusés en grand nombre, en raison de l'insuffisance des lits disponibles.

Le Conseil, après sérieuse discussion, décida que tout projet de reconstruction intégrale sur l'emplacement actuel de l'Hôtel-Dieu serait rejeté, et que toutes les ressources disponibles, parmi lesquelles se trouvait, au premier rang, le produit de la vente de ce même Hôtel-Dieu, devraient être exclusivement employées à l'édification d'un Hôpital de 1,000 à 1,200 lits, sur un emplacement autre que celui de l'île Gloriette.

L'Administration municipale adopta la pensée du Conseil et chercha les moyens de la réaliser : mais, par un retour incompréhensible, la Commission administrative des Hôpitaux se mit en contradiction avec les vues du Conseil municipal, et ce désaccord fit ajourner pour longtemps un résultat qu'on semblait près d'atteindre.

-- Affligé des fâcheuses conséquences d'un conflit qui compromettait si sérieusement les intérêts des pauvres, notre collègue, dans un mémoire publié en 1847, rappelait les différentes phases de la question, discutait les divers expédients proposés par la Commission administrative des Hospices pour échapper à la nécessité d'une reconstruction totale et immédiate, démontrait leurs inconvénients et leur insuffisance, et justifiait, par là, la résistance constante du Conseil municipal à des arrangements qui ne répondaient pas aux besoins de la situation.

Il concluait enfin qu'en présence de volontés opposées, décidées à ne faire aucune concession et incapables d'ailleurs de se dominer l'une l'autre, il ne restait d'autre ressource que d'en appeler à une autorité supérieure, c'est-à-dire au Ministre par l'intermédiaire du Préfet.

Nous n'avons pas à parler ici des circonstances ultérieures qui ont eu pour résultat l'adoption du projet aujourd'hui en voie d'exécution. La participation active de Marcé à cette affaire finit avec l'écrit dont nous venons de parler, écrit inspiré par un sincère dévouement à la vérité et au bien public.

Les questions d'édilité qui occupent une place si importante parmi les affaires qui ressortent des Conseils municipaux, sont, comme celles d'assistance publique, de nature à appeler l'attention sérieuse du médecin. La disposition des rues et des places, le mode de construction des édifices publics et des habitations privées intéressent, chacun le sait, à un si haut point l'hygiène, qu'il est presque superflu de le rappeler ici. Aussi c'est un fait que personne n'oserait contester, qu'une partie de la vieille ville, celle comprise entre l'Erdre et le quartier des Cours, se trouve, sous ce rapport, dans un état d'infériorité qui réclame impérieusement des améliorations. Depuis longtemps, l'Administration municipale est convaincue de cette nécessité, et diverses idées ont été émises dans le but de transformer ces quartiers déshérités, mais jusqu'ici aucune n'a été mise à exécution. Cependant, nulle voie large et facile pour la circulation, partout des rues étroites et tortueuses, bordées de maisons la plupart très vieilles, quelques-unes dans un état de délabrement complet. On sent que la vie ne peut être rendue à ce quartier qu'à la condition d'y faire pénétrer largement l'air et la lumière, et de suivre, dans la mesure du possible, l'exemple donné depuis quelques années par la capitale. Faisons des vœux pour que les projets qui, si nous sommes bien informés, s'agitent aujourd'hui dans le Conseil municipal et l'Administration, ne s'en aillent pas en fumée, comme cela est tant de fois arrivé, et que les espérances qu'ils ont fait naître dans l'esprit de la population ne soient pas déçues par le maintien d'un déplorable *statu quo.*

Maintes fois, par exemple, on a fait ressortir la nécessité d'une voie de communication de plus, d'une rive de l'Erdre à l'autre, entre les ponts Morand et de l'Ecluse. Marcé s'était attaché à l'étude de cette question et, en 1847, sous forme de pétition à MM. les Conseillers municipaux, il publiait une petite brochure qui contient un résumé complet des documents historiques sur le projet de construction d'un pont dit de l'Hôtel-de-Ville, continuant la rue qui passe devant cet édifice, rue qu'on devait prolonger d'un côté jusqu'à l'Erdre, de l'autre, à travers le centre de la vieille ville. Il établissait sur des raisons péremptoires l'utilité, et même l'indispensable nécessité de ce nouveau pont, dont la construction avait été décidée en 1843 par le Conseil municipal, et il déplorait le vote contradictoire, émis, le 11 mai 1847, par le même Conseil, vote qui déclarait abandonné le projet de 1843 ; enfin, il exprimait le vœu que cette question fût reprise ultérieurement.

Nous devons à la vérité de dire que cette pétition resta sans effet, et que les choses sont encore aujourd'hui (1860) dans un état également préjudiciable aux intérêts des riverains de l'Erdre et des habitants des quartiers que ce pont mettrait en communication.

Eloigné quelque temps du Conseil municipal, Marcé y fut

rappelé en 1855. Il profita de cette position pour mettre à exécution des projets qu'il avait conçus en s'occupant des affaires du Bureau de Bienfaisance, dont il était administrateur depuis 1848. La manière vicieuse dont était organisée la distribution des secours à domicile aux indigents malades n'était un secret pour personne, et les médecins qui soignaient les pauvres s'étaient plaints bien souvent que la pharmacie fût laissée aux mains des Sœurs. Celles-ci ne distribuaient les médicaments qu'à des heures déterminées, dans l'intervalle desquelles il était impossible de rien obtenir ; à plus forte raison ne pouvait-on rien avoir la nuit, et cela même dans les cas les plus urgents. Enfin, il arrivait quelquefois que les prescriptions du médecin fussent complètement inexécutées ou profondément modifiées par les Sœurs ; la préparation des remèdes laissait souvent aussi beaucoup à désirer.

Voulant faire disparaître ces abus et quelques autres encore, Marcé eut la pensée d'organiser sur d'autres bases le service médical et pharmaceutique des indigents. Il provoqua la formation de Commissions auxiliaires du Bureau de Bienfaisance, fit nommer un certain nombre de médecins auxquels furent assignées diverses circonscriptions, et désigner, dans chaque quartier, les pharmaciens qui fourniraient les médicaments à prix réduits. Enfin, les médecins furent chargés, à tour de rôle, de faire des consultations gratuites dans les lieux où les Sœurs tenaient auparavant leurs pharmacies.

Cette organisation rendit immédiatement bien plus régulier le service médical des indigents qui, jusqu'alors, était fait bénévolement par tous les médecins de la ville. Il devint plus facile d'obtenir de médecins accrédités et rétribués l'observation aussi rigoureuse que possible du formulaire spécial du Bureau de Bienfaisance, formulaire rédigé quelques années auparavant par la Section de Médecine, à la demande de Marcé, appuyée par l'autorité municipale. La distribution des médicaments fut faite à toute heure de jour et de nuit.

Nous ne devons pas omettre de faire ressortir ici une heureuse conséquence de cette utile réforme. Les soins à domicile, mieux administrés que par le passé, retiennent chez eux un certain nombre de malades, qui sans cela viendraient à l'Hôpital, ce qui tend à diminuer l'encombrement si redoutable et si pernicieux des maisons hospitalières. Les Hôpitaux sont surtout utiles pour les individus isolés, mais ceux qui ont une famille sont mieux au milieu d'elle, toutes les fois que la misère n'y est pas trop profonde, que la maladie n'est ni très grave, ni d'une trop longue durée. L'habitude de venir à l'Hôpital détruit les liens de famille qui, dans les classes du peuple, n'ont déjà que trop de tendance à se relâcher. Marcé avait bien compris ce côté moral de la question des secours à domicile, c'était ce qui l'encourageait à poursuivre, en dépit des difficultés, une œuvre qui fait tant d'honneur à sa mémoire, et qui n'a pas toujours été appréciée comme elle méritait de l'être.

Il nous reste un dernier trait à faire ressortir dans la vie de notre collègue, c'est son désir constant de voir progresser les institutions de la France, et sa disposition à s'associer à toutes les pensées généreuses émises dans ce but. C'est ainsi que, se trouvant à Paris, en 1829, il assista à un de ces banquets bretons, où les hommes les plus distingués de notre province venaient se communiquer leurs vœux et leurs aspirations vers un état politique meilleur. C'est ainsi qu'il a toujours accueilli favorablement les réformes qui lui semblaient tendre au bien général.

Marcé était doué d'une forte intelligence et d'une vive imagination, aussi sa conversation était intéressante et animée, son cœur droit et honnête, son humeur douce, son caractère facile et bienveillant rendaient son commerce agréable et le faisaient aimer de tous ceux qui le connaissaient.

Pendant sa laborieuse carrière, nous le voyons sans cesse dévoué comme citoyen, comme médecin, comme parent, comme ami, et nous pouvons dire avec assurance que pas une seule fois il ne s'est démenti.

On ne s'étonnera pas qu'avec une âme ainsi faite, Marcé ait désiré, comme bien d'autres, revivre dans ses enfants, et que la privation de ce bonheur l'ait péniblement affecté. Il me manque, disait-il, un but à mon activité. Cependant un jeune parent élevé chez lui, et qui l'a toujours aimé et vénéré comme un père, Victor Marcé, que nous connaissons tous, a dignement répondu à ses soins, et occupe aujourd'hui un rang distingué dans le corps médical.

N'ayant pas d'enfants à lui, Marcé avait reporté toute sa tendresse sur ses neveux, et sans aucun doute leur avenir le préoccupait sérieusement ; par malheur, sa santé, depuis longtemps affaiblie, ne devait pas résister aux fatigues incessantes que lui imposaient l'exercice de sa profession et les fonctions publiques qu'il avait à remplir. Ces rêves d'avenir, si pleins de douceur, que chacun aime à faire pour les objets de ses affections, il ne devait pas les voir se réaliser. Le 2 juillet 1859, à l'âge de 54 ans, Marcé succombait à une cruelle maladie, à un rhumatisme articulaire, qui, au début, semblait peu grave, et qui devint promptement mortel en s'étendant aux membranes du cerveau. Ainsi a été tranchée prématurément cette existence si bien remplie et qui pouvait être si utile encore. Le souvenir du bien qu'il a fait est la seule consolation qui reste à sa famille et à ses nombreux amis.

BIBLIOGRAPHIE.

Travaux Scientifiques.

1829. Thèse inaugurale. — Considérations sur les fièvres rémittentes pernicieuses, suivies de quelques propositions de médecine.

1835. Observations curieuses de maladie syphilitique, communiquées au Congrès médical réuni à Nantes, pour la discussion des doctrines relatives à cette maladie.

1836. Réflexions sur la valeur comparative des faits anatomiques et de la spécificité en médecine.

1837. Traduction d'un chapitre de Stahl.

Rapport sur l'épidémie de grippe qui a régné à Nantes, pendant les mois de février et de mars 1837, fait au nom de la Section de Médecine, par MM. Fouré, Thibeaud et Marcé, rapporteur.

1838. Notes statistiques sur les maladies des ouvriers du comité de Secours Mutuels, pendant les mois de décembre 1837, janvier et février 1838.

1839. Observation de diphthérite chez un adulte, terminaison par la mort au sixième jour de la maladie. Envahissement de presque toutes les voies respiratoires par la sécrétion pelliculaire.

1841. Observations d'angines sous-glottiques.

Relation d'une épidémie de bronchite capillaire, observée à l'Hôtel-Dieu de Nantes, en 1840-41, en collaboration avec MM. Mahot, Bonamy et Malherbe.

1842. Etudes et observations sur les fièvres pernicieuses pneumoniques. La congestion viscérale, qui leur est propre, suit-elle la même marche que les accès fébriles eux-mêmes, et cette congestion affecte-t-elle dans l'organe respiratoire un mode spécial de localisation ?

1842. Rapport de la Commission de vaccine.

1845. Observations diverses de fièvres intermittentes compliquées de pneumonies et de congestions pneumoniques, *faisant suite au travail sur le même sujet publié en* **1842.**

1846-1847. Mémoire et observations sur les myélites spontanées qui se sont sporadiquement manifestées à Nantes, à dater des derniers mois de 1845.

1848. Cas de morve aiguë observée chez une femme à l'Hôtel-Dieu de Nantes. — Considérations sur la nature spéciale de cette maladie, et sur l'ordre présumé dans lequel doivent se développer les altérations anatomiques qui le caractérisent.

1850. Rétention du sang menstruel par imperforation congénitale du vagin, incision de la membrane obturatrice, expulsion d'une énorme quantité de sang, péritonite consécutive, occasionnée par un épanchement sanguin intra-péritonéal, provenant des trompes de Fallope.

1853. Cas d'albuminurie subaiguë et probablement essentielle, suivi de guérison.

1854. Engorgements de la rate, propres aux fièvres intermittentes, considérés dans leurs rapports avec l'état local et fonctionnel du cœur. (1er mémoire.)

1855. Séméiologie des fièvres intermittentes. (2e mémoire.)

1857. Tétanos spontané suivi de guérison. — Observation recueillie par M. Goeau-Brissonnière, élève interne à l'Hôtel-Dieu. (Service de M. Marcé.)

1858. Discours prononcé à la séance de rentrée de l'Ecole préparatoire de Médecine et de pharmacie de Nantes, le 6 novembre 1858.

Travaux Administratifs.

1847. Août. — Nécessité du pont projeté de l'Hôtel-de-Ville, comme moyen de communication entre les quartiers de la rive droite de l'Erdre et le centre de l'ancienne ville. (*Pétition adressée à MM. les Conseiller municipaux.*)

1847. Octobre. — Question de l'Hôtel-Dieu de Nantes. Conflit entre le Conseil municipal et la Commission administrative des Hospices.

Nantes, Imp. de Mme ve C. Mellinet.